D1931871

Thomas Weiß

Hörst du mein Schweigen?

Gebete der Sehnsucht

Thomas Weiß

Hörst du mein Schweigen?

Gebete der Sehnsucht

Mit einem Geleitwort von Michael Albus

HERDER

FREIBURG · BASEL · WIEN

© Verlag Herder GmbH, Freiburg im Breisgau 2008
Alle Rechte vorbehalten
www.herder.de

Umschlaggestaltung: Finken & Bumiller
Umschlagmotiv: Mark Rothko, No. 7 (Dark Over Light, 1954)
© Christie's Images / Corbis
Satz: Rudolf Kempf, Emmendingen
Herstellung: CPI Moravia Books, Pohorelice 2008

Gedruckt auf umweltfreundlichem, chlorfrei gebleichtem Papier
Printed in Czech Republic

ISBN 978-3-451-29978-0

Inhalt

Zum Geleit

Mit dem Beten ist es so eine Sache. Immer noch. Für die meisten galt und gilt: Not lehrt beten.

Beten als letzte Zuflucht. „Da nun kein Mensch uns helfen kann, rufen wir Gott um Hilfe an“, heißt es in einem alten Kirchenlied.

Beten als Absicherung. Man weiß ja nicht, wozu es gut sein könnte. Ein Depot an Gebeten ist ja in jedem Fall nicht schlecht. Gebunkerte Gebete für schlechte Zeiten.

Beten als Droge. Man spricht die Mantras, bis der erwünschte Effekt eintritt. Man ist dann beruhigt, fühlt sich eingehüllt in vertraute Formeln wie in trockene Tücher.

Beten als Vermutung. Man spricht jemanden oder etwas an, von dem man nicht sicher ist, ob er, sie oder es existiert. Es könnte ja sein, dass ... Dann wäre es vielleicht nützlich. Ein bisschen: Beten als Versicherung.

Dann aber auch: Beten aus Zweifel. Vor allem aber Beten aus Sehnsucht, den Zweifeln zu entrinnen. Beten in der Hoffnung, dass der bleiben möge, der sich jedem Zugriff entzieht. Siehe Emmaus: Am Abend eines Tages fallen den Verängstigten die Schuppen von den Augen. Sie haben ihn. Wollen ihn festhalten. Doch dann heißt es da ganz lapidar: Er entschwand ihren Blicken, löste sich in Luft auf, war dann mal weg, hinterließ kein Bekennerschreiben.

Ja, die Sehnsucht ist groß, das zu fassen, was nicht zu fassen ist.

Sie kann einem den Mund verschließen. Aber sie gebietet einem auch, davon zu sprechen. Beides kann Beten sein. Vor allem das Beten der Sehnsüchtigen und Zweifelnden. Weniger das Beten der Satten und Sicheren.

Mit dem Beten ist es so eine seltsame Sache. Es kommt auch bei solchen vor, die von sich behaupten, sie hätten mit Gott, mit der Religion, gar den Kirchen, nichts am Hut. Und ob! Zeugnisse davon gibt es genug. Von dem unbedingten Drang, zu dem vorzudringen, was unerreichbar ist. Manchmal denke ich mir: Wenn er erreichbar wäre, dann hätte ich die Sehnsüchte und die Zweifel nicht mehr, dann würde mir nichts mehr fehlen. Wäre das angenehmer? – Ich versuche lieber zu beten. Sei es mit Worten, mit Singen, durch Schreien, durch Protestieren, durch

Schweigen. Es ist irgendwie zwingend. Auch wenn ich mich dagegen wehre, an überhaupt so etwas wie einen Gott zu glauben. Auch wer nicht an einen Gott glaubt, muss irgendwie durch irgendetwas versuchen, mit dem Unerklärbaren, dem Unfasslichen, dem Geheimnis seines Lebens, seiner ungefragten Geburt und seinem ungefragten Tod, Verbindung aufzunehmen, sei es einverständig oder widersetzlich.

Die Gebete dieses Gebetbuches nehmen diesen nur in Umrissen erhobenen Befund ernst. Da weiß einer nicht, welches die angemessene Art ist, zu beten – und betet doch, bittet Gott um Geduld, sagt ihm auch, dass er ihn zuweilen befremdet, unterlässt das Begriffsgeklingel, schminkt seinen Worten den Lack ab, holt sie aus ihren Hülsen, fühlt sich an Gottes Tisch und mit seinen Zweifeln eingeladen, haut nicht auf den Putz der Gottesbesitzerinnen und der Gottesbesitzer. Hier nimmt einer Gott ins Gebet, so wie er die Menschen ins Gebet nimmt. Heute noch hört man den Satz: Den werde oder muss ich noch ins Gebet nehmen! Was soviel heißt: Den knüpf' ich mir vor, mit dem hab' ich noch ein Hühnchen zu rupfen. Warum sich nicht Gott vorknöpfen? Warum nicht mit Gott ein Hühnchen rupfen? Auch dafür gibt es Gründe und Anlässe genug. Weiß Gott! Von solchen ist auch in den Gebeten dieses Buches die Rede. Manche fallen Gott ins Wort.

Aber da ist auch ein großes Vertrauen: „Die Nacht ist viel dunkler ohne dich ..." Was ja nichts anderes heißt, dass Nacht, trotz meines Betens, Nacht bleibt. Nüchtern und wachsam sind solche Gebete. Sie machen sich und Gott nichts vor. Dazu besteht auch gar kein Anlass. Zu erinnern ist nur an die Geschichte vom Jakobskampf in der Bibel des Alten Testaments. Da ringt einer eine Nacht, vielleicht viele Nächte seines Lebens, mit dem großen Unbekannten, will ihn berühren, will ihm mindestens ganz nahekommen, will seinen Namen wissen: Das Ergebnis: Nichts weiß er am Ende, buchstäblich nichts. Und was noch viel schlimmer ist: Er geht hinkend, verwundet, verletzt, versehrt davon. Beten ist gefährlich, weil der liebe Gott nicht immer lieb ist - auch wenn wir ihn gerne so hätten. Er langt zu, hinterlässt Spuren, die mich auch das Fürchten lehren.

Viele Gebete dieses Buches dringen in mich ein, sie sind nicht glatt oder geschliffen, erliegen nicht einer oft selbstgerechten und verlogenen Gebetsästhetik - und sind dann eben tote Gebete.

Beten ist wirklich eine ganz seltsame Sache. Aber da stutze ich schon: eine Sache? Nein, Beten ist Leben und Leben ist Beten. Ich kann nicht anders als mein Leben beten. Das heißt: Ganz und gar es dem anbieten, dem überliefern, dem hingeben, von dem ich glaube, dass es ihn gibt – in der dunklen Nacht, am hellen Tag, in der Dämmerung, in Freude und Leid, in guten und in schlechten Zeiten. Ob ich Erfolg damit habe? Ich weiß es nicht. Will es auch nicht wissen. Erfolg ist keiner der Namen Gottes, hat Martin Buber gesagt. Ich bete, versuche es zumindest, trotz ALLEM. So wie der Beter dieses Buches, mindestens so ähnlich und so berührt wie er.

Michael Albus
Winter 2008

DEINE WEITE

Einfach stille müsste ich sein, verstummen vor dir.
Aber mit den wenigen Worten,
die mir noch geblieben sind,
will ich meinem Schweigen Wände bauen,
ein Haus,
dahin es heimkehren kann
von der Suche nach dir,
darin es Zuflucht hat und geschützt ist
vor Gerede und Lärm.

Mein Gott, eigentlich hab ich nur Stoßgebete
für dich!
In der Hoffnung, dass du Anstoß nimmst
und aufmerksam wirst.
Mit der zaghaften Frage, ob du dich wohl anstoßen
lässt.
Kein Schade, wenn der Stoß ein bisschen wehtut,
wenn du mich spürst.

Mein Gott, in dieser Sturmflut von Gebeten:
Hörst du überhaupt mein Flüstern, mein Raunen,
mein Schweigen?
Vielleicht macht das deine Größe aus, deine Weite,
dass du ein offenes Ohr hast für jedermann und
jedefrau.
Heißen „Allmacht“ und „Allgegenwart“ am Ende
vielleicht „Allgehör“?
Das allein schon wäre göttlich!

Gott, ich empfehle dir den Einsatz eines
Anrufbeantworters!
„Grüß Gott, leider bin ich gerade unterwegs oder
sonst irgendwie beschäftigt.
Bitte sprechen Sie nach dem Signalton.
Ich kümmere mich, sobald ich Zeit dafür finde!"
Dann hörte ich wenigstens etwas von dir
und könnte, was mich bedrängt, loswerden –
vorläufig jedenfalls.

Wie soll ich eigentlich,
wenn ich mit dir rede, die Klischees vermeiden
(die dich bloß nerven, das weiß ich schon)?
Irgendwie ist doch alles gesagt,
hast du doch alle Namen schon gehört.
Bringst du noch etwas Geduld auf für mich?

Gott, es tut mir leid:
Ich bin Beter von Beruf.
Und da fürchte ich, dich zu langweilen,
ab und zu jedenfalls.
Sag mir doch, wenn ich in Hülsen spreche,
füll sie an
oder erschüttere mich.

Am liebsten bete ich in der Kirche,
im Gotteshaus,
als wärst du dort mehr,
irgendwie mehr als anderswo,
präsenter.
Bist du nicht.
Aber ich mein,
du hörst hier aufmerksamer
und flüsterst eindringlicher.

Gott, wenn ich vor dir bin
(nein, wenn ich bei dir bin)
und schweige,
dann kann das an meiner Wut liegen
(auf dich),
an meiner Verzweiflung
(in der ich verstumme),
oder daran,
dass wir einander innig lieben.

Leider kann ich nicht singen, mein Gott,
sonst könnte ich einstimmen bei dir.
Was aber ganz gut gelingt, ist,
dir ins Wort zu fallen.

Gott, rück mal zur Seite
und mach ein bisschen Platz.
Ich muss mich etwas ausruhen
neben dir.

Heute hab ich dir nichts zu sagen.
Du sprichst ja auch nicht mit mir.

Der Fluss hat wohl die Faxen dick.
Er macht sich breit
und reißt die Steine fort,
er lacht über die Dämme.
Sei vorsichtig, Gott,
wenn du mich zwingst und drängst ...
Ich kann das auch!

Ich habe langsam wieder gelernt,
deinen Namen im Mund zu führen,
von dir zu reden
wie von Butter und Brot, von Wetter und Wind.
Nun koste ich vorsichtig, wie du schmeckst,
jetzt fühl ich dir nach.
Bis ich ganz ruhig geworden bin,
sprech ich dich lieber leise aus.

Fällt dir das Vater-sein auch so schwer, Vater Gott?
Oft bin ich unsicher, ob ich streng sein soll
oder ein Auge zudrücken kann,
ob ich meine Wut zeigen darf oder an mich
halten muss.
Du hattest ja keinen Vater, aber glaub mir,
von meinem hab ich da nichts gelernt.
Ob du mir etwas beibringen kannst?
Also bitte ich dich:
Sei wütend und nimm mich trotzdem an,
zeig deine Trauer und gib mir was zu lachen,
hau mir mal auf den Rücken und leg den Arm
um mich.
Und behandle mich nicht wie ein kleines Kind!

Und manchmal schrei ich deinen Namen in
den Himmel
und in den Wald,
weil die Wolken ihre Freiheit feiern,
weil der Wald antwortet –
und ich glücklich bin darüber.

Gott, ich hab gehört,
dass es ein „Herzensgebet“ gibt,
ein ruhiges, stilles Gebet,
das mit dem Atem ein- und ausgeht,
das in die Mitte führt.
Willst du wirklich hören,
was mein Atem so treibt,
und was ich verborgen halte in meinem Herzen?

Gott, wenn ich so salbungsvoll daherschwätze,
wenn ich nach hübschen Worten suche,
damit auch alles schön klingt,
gefällig und eingängig –
Gott, dann ruf doch einfach dazwischen.

Von der Straße her tönt der Lärm,
wenn die Laster fahren,
auf dem Kopfsteinpflaster
klirren die Fahrradklingeln,
und ein Mofa knattert über den Bürgersteig.
So wünsche ich dich zu hören,
wenn du vorübergehst.

Meine Worte, Gott, sind in die Krise geraten,
sie stehen da
mit zerschlissenen Gewändern.
Hilf ihnen doch,
sich ihrer Nacktheit nicht zu schämen.

Rückst du mal, Gott,
machst du mal ein bisschen Platz an deiner Seite?
Ich hätte gern mal deinen hohen Stuhl
und diesen weiten Blick,
der alles überschaut
und wohlgeordnet vor sich liegen hat.
Weißt du, die Unübersichtlichkeit meines Lebens,
dieses Chaos ohne Fenster und Tür,
die machen mich stumm und krank.

Du, wie ist das eigentlich bei dir
mit den Tischgebeten?
Wie kommen die an bei dir?
Ich frag mich ab und zu,
(zwischen „Alle gute Gabe ..." und „Segne, Vater,
diese Speise ...")
ob du diese Genüsse auch kennst:
Spaghetti all'dente oder den köstlichen
Kartoffelauflauf,
Paprikareis und Pfannekuchen.
Läuft dir das Wasser im Munde zusammen,
oder ist dir das kernige Brot, der gute Tropfen
doch fremd?
Lass dir's nur schmecken –
ich lad dich ja jedes Mal ein!

Meine Schüler und Schülerinnen verstehen
mich nicht,
wenn ich in Kirchensprache rede.
„Hä? Ich weiß gar nicht, was Sie meinen?"
Du auch nicht, stimmt's?

In den alten Evangeliaren
haben sie gemalt und verziert,
deinen Worten Farben gegeben,
Gesichter, Bilder, Gestalt.
Sie haben wohl begriffen, was Besinnung heißt ...
Und das will ich lernen:
dich mit allen Sinnen hören, sehen, merken:
laut, leise, schwarzweiß und bunt,
im Seufzen, Rufen, Stillesein,
bitter, salzig, scharf und süß,
ein Wohlgeruch, eine Brise vom See,
im Strich, in Punkt und Kreis,
im Laufen, Ruhen, Augenblick.

Gott, du bist mir teuer geworden.
Nun verkauf ich dich nicht mehr
mit billigen Sprüchen
und für einen Groschen Glück.

Gott, bitte versteh das:
Manchmal muss die Wut raus,
muss ich den ganzen Frust auskotzen
und toben wie ein Tier.
Wenn es dich trifft
– das kommt ja vor –,
dann ertrag es bitte.
Du hältst das doch aus ...
und mir macht es die Seele frei.

Wie auf den Inseln der Sandstrand
bist du,
gebildet von flüchtigem, zerriebenem Kalk,
gestaltet von Gezeiten und Wind,
und zu keiner Zeit gleich.
Ich geh auf deinem Saum spazieren,
stundenlang;
du nimmst meine Spuren auf.

Weißt du, wie arm ich bin?
Wie arm an Lebensmut,
an Hoffnung,
an Ausdauer?
Sie hängen mir wie Fetzen von der Seele,
und weil es kalt ist um mich her,
friert sie ...
und wird vielleicht an Unterkühlung zugrunde
gehen.

Gott, du bist doch reich.
Gib mir ein wenig ab von dir.
Hülle meine Seele in eine warme Decke ein,
notdürftig wenigstens.

Ich weiß, du erwartest das,
aber: Dir zu antworten,
ist alles andere als leicht.
Du sprichst so undeutlich bisweilen,
oder viel zu schnell, zu lang und ohne Pause.
So dass ich nicht begreife
oder nicht zu Wort komme.
Schweig doch für eine Weile, Gott,
damit ich bedenken kann,
was ich dir zu sagen habe,
worüber ich mit dir sprechen will.

Gott, holst du ihn ab?
Lässt du ihn verschwinden
(auf Nimmerwiedersehn)?
Wenn ich den Sperrmüll in mir
mal vor die Tür meines Herzens stelle?
Sag „Ja!“,
sonst trau ich mich nicht,
auszumisten.

BLEIB NOCH

Komm, sei mir nah,
umarme mich,
damit ich deinen Atem auf der Stirne spüre,
damit ich dein Herz schlagen höre.
Das macht mich still.

Bleib noch

Gott, du bist einer der Wenigen,
die ich duze,
seit wir uns das erste Mal begegnet sind.
Da du's dir bisher nicht verbeten hast,
nehme ich an, das geht in Ordnung so.

Wenn du mich liebst, Gott,
wie du sagst,
wenn du mich liebst,
warum bist du dann nicht zärtlich zu mir,
warum flüsterst du mir nicht ins Ohr,
warum schleichst du dich nicht in meine
Träume ein?
Wenn du mich liebst, Gott,
warum legst du nicht den Arm um mich,
warum küsst du mir nicht die Tränen fort,
warum verbirgst du dich, wenn ich dich brauche?
Spürst du meine Sehnsucht, Gott?

Mein Gott, bleib noch ein wenig!
Die Nacht ist viel dunkler ohne dich,
und ich fürchte mich vor den Schatten.
Bleib noch, bitte, bis ich eingeschlafen bin.
Ich will mich in deine Stille schmiegen.

Bleib noch

Weißt du das eigentlich?
Nur um deinetwillen lauf ich durch meine Tage,
ohne darin zu Hause zu sein;
nur um deinetwillen regt sich der Zweifel
an meinen Gewohnheiten, meinen Leidenschaften.
Nur um deinetwillen schlägt mein Herz so heftig,
atme ich hastig und kurz.

Gott, wenn du mir versprichst,
mir nahe zu sein,
dann gehörst du nicht mehr nur dir selbst!
Wenn du dich einmischst, wirst du ein Teil von mir;
Wenn du hineinredest, dann nehm ich dich
beim Wort.
Ich sag das nur, damit du gewarnt bist,
und nicht behauptest, du hättest davon nichts
gewusst.

Bleib noch

Gott, wie hörst du das, wenn ich sage,
dass ich dich liebe?
Macht es dir Angst, weil ich dich vermenschlichen
könnte?
Schreckst du zurück vor allzu viel Nähe?
Ich habe das Gefühl, dass du gerne auf Distanz
bleibst.
Bedränge ich dich?
Aber du musst dich nicht fürchten:
Weil ich dich liebe, achte ich dich auch.
Ich lasse dich Gott sein;
Ich will dich ja gar nicht anders ... weil ich
dich liebe.
(Und du ... lässt mich Mensch sein!)

Gott, auf meinem Rechner hab ich eine Datei,
die heißt wie du.
Für Gebete, Gedichte, Gedanken,
die ich mir merken will.
Das liegt wohl daran,
dass ich dich als gegeben nehme.

Gott, sei bitte nicht so aufdringlich.
Lass mich selbst entscheiden,
wie weit das gehen soll zwischen dir und mir.
Ich freue mich durchaus,
wenn du um mich wirbst,
aber meine Antwort will ich täglich von Neuem
geben.
Heute hast du mich ganz bei dir!

Bleib noch

Manchmal verschwimmen deine Grenzen,
manchmal verlierst du deine Konturen
und gehst auf in Farben und Düften,
in Rauschen und Gesang,
im Regen, Nebel, Licht und Schatten,
in der Brise, im Sturm.
Du machst mich sehr neugierig, Gott.

Ja, das frag dich mal ruhig:
Warum ich trotzdem an dich glaube?
Du gibst mir nicht viel Anlass dazu,
du verweigerst dich eher
und wirbst nicht gerade um mein Vertrauen.
Ich weiß nur manchmal einfach nicht,
was mir anderes übrig bleibt,
als mich nach dir zu sehnen.
Wo fände ich sonst meine Ruhe?

Mein Gott, ich brauche dich ganz nah bei mir,
und ich brauch dich weit, weit fort.
Ich mag es, wenn du mir über die Haare streichst,
und ich hasse es,
deine Augen im Nacken zu spüren.
Willst du mein geruhsames Mittelmaß nicht gelten lassen?
Brauchst du das denn:
Die brennende Leidenschaft,
die verschlingende Nähe,
den sich abwendenden Zorn?

Eben bin ich so erholt aufgewacht,
so rund und warm,
mit dem Nachklang eines bunten Traums im Sinn,
dass ich glaube,
du hast mich behütet heut Nacht.

Nein, mein Gott, du musst dich vor mir nicht verbergen,
meine Erwartungen sind gar nicht zu hoch.
Mir genügt ein gutes Wort ab und an,
eine freundliche Geste, ein Blick.
Mir ist es gleich, wie alt du bist,
und ob du Falten unter den Augen hast.
Du hast eben deine Erfahrungen gemacht.
Nein, du musst dich nicht verbergen, mein Gott.
Ich liebe dich so, wie du bist.

Sag mal, Gott, schweigst du so beständig,
weil ich so ungelenk bitte,
so ungeschickt oder unverschämt?
Sag mal, bin ich dir zu frech,
oder versteh ich nur nicht
die Worte recht zu setzen?
Sag mal, wollten wir einander nicht begegnen
wie Liebende es tun?
Sag mal!

Bleib noch

Gott, ich bin dein Mann ...
Wenn du meine Widerständigkeit willst,
jede ungeduldige Frage,
jeden schmerzhaften Zweifel,
und meine Frechheit, meine Verliebtheit auch.
Wenn du das willst, dann bin ich dein Mann!

Gott, wenn meine Sehnsucht
das Band ist, das uns zusammenhält,
dann wird uns nichts und niemand trennen
(auch du nicht).

Mein Gott, manchmal bin ich versucht
bei meiner Kirchenleitung (oder bei sonst wem)
eine Kur zu beantragen:
eine Gottesabmagerungskur,
um ein paar Pfunde Frömmigkeit zu verlieren.
Ich bin zu dick von dir,
ich fürchte Glaubenszucker.
(Davon wird einer blind im Alter, hab ich gehört)
Aber ... du schmeckst und duftest halt gar zu gut.

Bleib noch

Zum Verzweifeln ist es manchmal.
Und ich erschrecke vor meiner bodenlosen
Unfähigkeit
zu lieben,
zu lernen,
zu leben.
Dann hilft mir dein Wort nichts mehr,
das beschwichtigende nicht und das
herausfordernde.
Dann musst du mich tragen,
auch wenn ich nicht glaube,
dass du es tust.

Bleib noch

Ich frage mich wirklich,
wozu ich dich brauche.
Wahrscheinlich wäre ich nicht zu gebrauchen
ohne dich.

Mein Gott, ich mach mir ein Bild von dir:
Ich nenne dich „Freund“ –
und spüre deine Hand auf meiner Schulter.
Ich nenne dich „Geliebte“ –
und fühle deine Nähe.
Ich heiße dich „Gefährte“ –
und höre deine Schritte neben mir.
Ich weiß wohl:
„Du sollst dir kein Bildnis machen!“ –
und du bist immer mehr als ich sehe, höre, fühle.
Aber ich brauch dich zum Anfassen,
angreifbar.

Bleib noch

Sag mal,
willst du wirklich, dass ich dich liebe?
Ich liebe ungestüm,
ich sehne mich nach Zärtlichkeit,
ich will frei sein,
dein Partner, Gefährte und Freund.
Und ich will dir fremd bleiben,
damit du nicht aufhörst,
mich zu entdecken.
Du sollst dich mir nicht verpflichtet fühlen, nein -
aber verantwortlich umgehen mit mir, das sollst
du schon.
Ich will dir alles sagen können,
und alles verschweigen,
du sollst reden mit mir und sollst still bleiben,
wenn dir danach ist.

Du, Gott, in mir.
Mach dich nur breit,
richte dich ein.
Nimm Wohnung in mir;
du kannst umbauen, aufräumen, ganz wie du willst.
Und bitte, spar den Keller und den Dachboden
nicht aus.
Nur eines, Gott,
wenn du neue Böden einziehst,
die Fenster erneuerst
und wenn du die Kammern umstellst,
nur eines:
Ich will mich noch erkennen können
und meine Adresse behalten.

Bleib noch

Du bist sehr befremdlich, Gott.
Wann immer ich dir begegne,
stellst du infrage,
was ich zu verstehen glaube von dir.
Ganz oft muss ich umdenken,
neu glauben, nachfühlen.
Du befremdest mich, Gott –
und ich komme mehr und mehr zu mir selbst.

Bleib noch

Gott, brauchst du wirklich eine Liebeserklärung?
Muss ich dir erst sagen,
warum ich dich suche
und mich sehne nach dir?
Erklärungen sind kalt und viel zu genau.
Du wirst es schon merken,
wenn du mich heranlässt an dich.

Dabei,
dass ich mich nicht verbiege,
dass ich dir nicht zu Gefallen lebe
und meine Schatten verschweige,
dabei, mein Gott,
kannst du mir helfen.
Nimm mich, wie ich bin,
und schätze die Ecken und Kanten und Risse.

Nun lass aber mal die Kirche im Dorf
und reg dich nicht so auf,
weil unsereins beschränkter ist als du.
Ich brauche Heimat, ich hab meine Grenzen,
ich muss mich zuhause fühlen.
Und ich kann mich von dir nur befremden
und herausrufen lassen,
wenn du mir auch vertraut bist.
Ich lasse mich auf vieles ein,
wenn ich mich auf dich verlassen kann.

Sei der Grund, auf dem ich gehe,
der mich trägt,
auf dem ich mich ausstrecke ab und zu,
um zu spüren,
dass ich da bin
und dass du Geduld hast.
Geduld – so tief und fruchtbar,
so dunkel und duftend
wie Ackerboden vor der Aussaat.

Du bist grenzenlos, Gott,
in deinen Ansprüchen genauso
wie in deiner Art zu schenken.
Und ich weiß nicht, wie mir geschieht:
Mal fühle ich mich winzig
und in der kalten Weite ausgesetzt,
mal groß, angesehen und geliebt.
Nimm mich bei der Hand, Gott,
und überschreite meine Grenzen mit mir.

Ich weiß, Geliebter,
dass manche sagen,
die Art, wie wir reden miteinander,
die sei unverschämt, geradezu skandalös.
Aber du hast mir die Scham
ja selber ausgetrieben
und mir den Wortschatz der Liebe erlaubt.
Darum machen wir einfach weiter so.

Das kommt vor,
dass mir tagelang nichts einfällt zu dir –
und plötzlich bist du da,
von allem Staub und allen Flecken frei,
wie einer, den ich eben kennen lerne,
der mir auf Anhieb gefällt.

Bleib noch

Gerade bin ich des Betens
recht müde geworden.
Bitte weck mich nicht vor morgen früh
(und wenn es geht, erst gegen acht).
Wie wär's?
Komm doch einfach selber mal vorbei
in einem Traum!

Gott, lauf nur ein wenig voraus,
du musst nicht immer an meiner Seite gehen.
Meine Sehnsucht macht,
dass ich dich schon nicht aus den Augen verliere.

Bleib noch

Ich hab schon manches Wort an dich verloren,
und spüre:
Du sammelst jedes auf
und hältst es in Ehren.

DEINE ÜBERRASCHUNGEN

Gott, jetzt bleib doch mal stehen!
Du eilst immer so weit voraus
mit deinen Plänen und Ideen,
so dass mir die Puste ausgeht.
Das ist nicht fair!
Du wolltest mich doch mit dabei haben,
das alles hast du dir doch auch für mich
ausgedacht!

Gott, sei nicht feige!
Du versteckst dich gerne
hinter Traditionen und Gewohnheiten
(„War schon immer so!“, „Hat sich bewährt!“).
Ich brauche aber neue Antworten,
ich brauche dein offenes Gesicht.
Die Wege, die ich zu gehen habe,
kenne ich nicht,
da kann ich mich leicht verirren!
Darum brauche ich deinen Wagemut,
brauche ich deine Überraschungen –
zeig dich, Gott!

Deine Überraschungen

Ein paar Fragen hätte ich noch,
bevor ich Abschied nehme.
Weil ich aber vermute,
dass du noch ein paar Antworten hast,
sag ich noch nicht: Adieu!

Gott, „verehren“,
das ist ein viel zu mächtiges Wort
für uns beide:
Es macht mich sehr klein,
und du bekommst Falten ins Gesicht.

Ich mag das alles nicht mehr hören:
Die Worte, die Begriffe, in die sie dich verpackt haben.
Die sind brüchig geworden
und deine papierene Verkleidung reißt auf.
Die Ränder sind so scharf,
dass ich mich schneide daran,
wenn ich nicht ganz vorsichtig bin.

Gott, geh mir fort mit der Bibel!
Hast du noch nicht menschlich reden gelernt?
...
Oder halt:
Bleib noch einen Augenblick!
Vielleicht hab ich noch nicht menschlich hören gelernt.

Weißt du eigentlich, wie weh das tut,
wenn du nur auf das große Ganze siehst?
Auf die Gerechtigkeit schlechthin,
die Liebe im Allgemeinen,
den Kosmos in seiner Fülle.
Dein Blick geht weit – zu weit für mich.
Deine Pläne umspannen Räume und Zeiten,
und ich ...
ich komme darin nicht mehr vor.

In deiner Schrift (die kaum leserlich ist, übrigens),
in deiner Schrift sprichst du dich mächtig aus.
Dafür bin ich zu klein,
dazu muss ich schweigen (meistens).

An manchen Tagen
bist du wie die weiße Wand vom Nachbarhaus.
Wenn ich jünger wäre (und frech genug),
würde ich meinen Namen draufsprayen
oder irgendein lustiges Bild.

Ich habe einen Freund verloren, Gott,
um deinetwillen, glaube ich.
Wir haben uns um deinetwillen gestritten.
Er hat mich „zu unentschlossen“ genannt:
„Du mit deiner Zweiflerei!“
Und ich ihn „engstirnig“ und „linientreu“.
Für meinen Geschmack kennt er dich halt zu gut.
Und er meint, dass ich nicht fromm genug sei
(für einen Pfarrer zumal).
Klar, das Gezänke geht dich nicht wirklich was an,
das hörst du seit Jahrtausenden –
aber ich will dich mal wieder wissen lassen,
dass du Menschen entzweien kannst.

Bei aller Liebe, Gott,
warum lässt du so umspringen mit dir?
Mir wäre das zu blöd,
ständig für irgendwelche Lügen herhalten zu
müssen,
für große und kleine:
von der Ausrede bis zum Völkermord.
Dein guter Name wird in den Dreck gezogen,
du wirst benutzt und missbraucht,
und wie du dich fühlst dabei,
das ist den Leuten scheißegal.
Gott, wehr dich doch mal!
Bei aller Liebe!

Gott, ich staune,
wie hart du sein kannst.
Eben hab ich mir den Kopf blutig gestoßen
an dir;
ich hoffe, du hast etwas gemerkt.
Wirst du wohl,
weil dein Herz ja nicht aus Stein ist.

Zu allem Unglück auch noch
deine Besserwisserei:
„Ich hab's doch gleich gesagt!“
„Du kannst ja nicht hören!“
Das hilft mir nicht weiter.
Sag doch einfach mal, dass du es gut findest,
wenn ich etwas wage.
Versuchs mal,
du wirst sehen, dass ich lernfähig bin.

Deine Überraschungen

Ab und zu lädst du meinen Zweifel ein,
an deiner Tafel Platz zu nehmen.
Wenn du ihn genährt hast,
kommt er satt nach Hause,
ganz froh, dein Gast gewesen zu sein
und etwas zu gelten bei dir.

Hape Kerkeling sagt:
„Ich habe Gott gesehen,
das hat mein Leben verändert!“
Warum der und ich nicht?
Soll mir die Mühe genug sein?

Es regnet schon wieder.
Das ist zum Heulen
und ich bin es leid.
Hast du eigentlich eine Versicherung
gegen Wasserschäden an der Seele?

Gott, ich hätte dich gern menschlicher,
mit müdem Blick ab und zu,
mit zitternden Augenlidern,
den Kopf in die Hand gestützt,
ganz nah am Schlaf.
Ich hätte dich gern menschlicher,
erschöpft von dem friedlosen Getümmel,
von der bodenlosen Dummheit,
der Unverbesserlichkeit deiner Geschöpfe.
Ich würde dich besser verstehen.

Deine Überraschungen

Gott, mich ärgert das,
bleib doch einfach mal da!
Hör doch einfach mal zu!
Ich hab die Nase voll
von deinem Versteckspiel.
Das ist einmal, zweimal ganz lustig
und macht das Leben mit dir auch spannend,
irgendwie.
Aber du brauchst wirklich nicht
genau dann zu verschwinden, wenn ich dich
nötig hab.
Mein Gott, das ist doch bescheuert!

Warum soll ich dein Bote sein
(wie es fürchterlich traditionell heißt),
dein Mund, dein Sprachrohr?
Tritt doch selber für dich ein!
(„Selber groß!“, sag ich den Kindern manchmal.)

Den Vorteil hat es ja schon,
mit dir befreundet zu sein:
Ich bin an den Fragen des Lebens dran,
den echten, wahren, wirklichen –
auch wenn das recht mühevoll ist.

Die Stadt auf dem Berg,
das Licht auf dem Scheffel,
das Glühwürmchen im Juni,
die Laterne beim Martinsumzug des Kindergartens,
die bleiben nicht verborgen.
Du schon!
Wir kommen die Leute drauf, dass du hell seist?
Nein, dunkel bist du,
ein Geheimnis, nach dem ich graben muss –
und will.

Wenn mir langweilig ist,
dann vergeht die Zeit so träge,
dass es schmerzt.
Wie hältst du das nur aus
in deinen Ewigkeiten?
(Langweilig ist mir aber ganz selten,
zum Glück,
und ich wette: dir auch!)

Mein Gott, ich scheitere
an den Matheaufgaben meines Sohnes!
Und er ist erst in der fünften!
Bin ich schon etwas dumm geworden,
zu langsam im Kopf, verkalkt?
Oder kennst du das auch,
dass dich die menschlichen Aufgaben
ratlos machen?
Das wäre mir sympathisch, weißt du –
und vielleicht könnten wir uns unter die Arme
greifen,
gegenseitig.
Du hast ja die Welt geordnet,
und ich bin im Menschlichen etwas erfahren.

Mein Gott, wie siehst du denn aus,
wer hat dich denn so zugerichtet,
dass du alt und hässlich wirkst,
verbraucht?
Du musst dir das nicht gefallen lassen!
Niemand hat das Recht, dich so zu verunstalten!
Mir, Gott, schau,
mir bist du schön!

Jetzt braut sich wieder ein Gewitter zusammen
oben am Berg.
So rumort es auch in mir,
mächtig, gefährlich, düster,
wenn du nicht achtest auf mich.

Ich bin nicht schwindelfrei, mein Gott,
darum komm lieber du
zu mir herunter.
Ich würde es zu dir nicht schaffen,
ich stürzte ab.

Mein Notizbuch,
in das ich all die Gebete schreibe,
die mir durch die Sinne gehen:
handschriftlich,
ins Unreine und ziemlich krakelig,
das ist durchzogen
mit deinem Namen.
Bitte schreib dich ein in mich,
mit deiner Handschrift,
ohne auf Fehler zu achten
und gerne auch unleserlich manchmal.
Das Wichtigste ist,
dass du dich eingetragen hast.

Und manchmal möchte ich grad,
dass du alles über den Haufen wirfst,
dass du alles umstößt und in Frage stellst,
was ich (ach nein, viel mehr: was wir) je
gedacht, geschrieben, geglaubt und gesungen
haben über dich.
Dann müssten wir völlig von vorne beginnen
mit dir,
und jedes Wort, jede Silbe, jeder Ton
müsste neu ansetzen, unverbraucht, gewagt.
Glaub mir,
ich hinderte dich nicht daran.

Gott, nimm es einfach hin,
dass ich sehr ungenau von dir spreche,
unscharf, schillernd, widersprüchlich.
Wenn du mal ehrlich bist, dann siehst du:
Das liegt schon an dir selbst.
Du zeigst dich nicht eindeutig und klar,
du sprichst dich in Rätseln aus;
und ich will es in Wahrheit nicht anders.

Entschuldige,
aber ich will ganz ehrlich sein,
auch wenn die Leute von meinem Amt eine andere Haltung erwarten.
Schau: Es gibt Menschen,
die kann ich einfach nicht ausstehen.
Die sind mir zuwider,
die meide ich.
Wie bringst du es bloß fertig,
zu lieben ohne Urteil, ohne Falsch?
Wie auch immer,
gib mir etwas ab davon!

Dass du ein Mannsbild bist,
glaub ich schon lang nicht mehr.
Eher ein Menschenbild.
Ich bin ja auch kein Bild von einem Mann,
und will keines sein, kein Abziehbild, keine Chiffre.
Lehr mich etwas
von deiner Vielgestaltigkeit,
und vom Bleiben-Können bei mir selbst,
als Mann, als Mensch.

EIN ZUHAUS

Mein Gott, als Peter seinen Tod starb,
da habe ich ihn etwas beneidet.
Weil es so sehr sein Tod war.
Gib mir, wenn es soweit ist,
meinen eigenen.

Ein Zuhaus

Ich gehe gerne über Friedhöfe, Gott.
Über diese Orte des Abschieds,
da Tränen gelten dürfen,
auf denen der Schmerz seinen Platz hat, der stille
genauso wie der laute,
ohne sich rechtfertigen zu müssen.
Hier gehen Verzweiflung und Sehnsucht
einträchtig einher,
und die Trauer hat ein Zuhaus.
Es ist gut, dich auch in der Ferne zu wissen,
dort, wo ich nicht hinschauen kann,
wovon ich nur eine Ahnung habe,
hier, auf dem Friedhof.

Ein Zuhaus

Gott, Harald war ein Vater!
Er hat zwei Söhne gezeugt,
fünf und acht Jahre alt sind sie jetzt.
Da stehen sie, vor dem Grab – und begreifen nichts.
Und die Frau, die ihn liebt, die er liebte,
die Mutter – sie hat schon keine Tränen mehr,
hat sich untröstlich geweint.
Ich muss dir das vielleicht nicht sagen,
aber mein Herz ist so schwer wie die Erde,
die gleich auf den Sarg fallen wird.
Gott, trauere mit uns, weine!

Gott, der alte Arthur war Torwart,
ein ziemlich berühmter, hab ich mir sagen lassen.
Sein Sohn erzählt,
er wär ein „Elfmeterkiller“ gewesen,
ein gefürchteter Gegner.
Jetzt hält er seinen Speichel nicht mehr im Mund,
er weiß nichts mehr von Abstoß und Killerinstinkt.
Ich bedauere ihn, Gott.
Hältst du seine Erinnerungen fest?

Frank ist 41 und hat Leukämie,
Alexandra wird an ihrem Herzfehler sterben
(jetzt ist sie gerade 4),
Frau Losowski speit Blut, 80-jährig,
und Herr Wedel im Pflegeheim dämmert nur noch
vor sich hin.
Irgendwann wirst du ihnen das erklären müssen.

Gott, der du ohne Zeit bist,
wie es heißt,
kannst du eigentlich nachempfinden,
wie die Zeit mich quält?
Weil sie sich dahinzieht, zäh und träge,
oder weil sie verfliegt
und mir den Atem raubt.
Gib mir etwas von der Ruhe um dich her
und von deiner Ungeduld.

Und wenn ich nur noch wenig Zeit habe?
Wenn meine Tage schon an den Fingern
abzuzählen sind?
Was wird dann das Wichtigste gewesen sein,
und vor allem: wer?
Gott, gib mir noch einen Schwung Kraft,
und den Mut, alles liegen zu lassen,
was nicht wirklich bedeutend ist.

Ein Zuhaus

Vor ein paar Wochen,
als der Nierenstein mich plagte,
da haben sie mich durchleuchtet im Krankenhaus,
mit Ultraschall und Röntgenstrahlen.
War alles Grau in Grau
und wehgetan hat es auch.
Ich hoffe, Gott, du siehst meine Farben,
auch die, die ich in der Seele trage,
und ich hoffe: Dein Blick macht heil.

Ich glaube mir das nicht oft,
dass ich ein außergewöhnlicher Mensch bin,
unverwechselbar, einmalig,
mit besonderen Gaben und eigenen Grenzen.
Dir, Gott, dir glaube ich es.

Hier holen die Eltern
(die Mütter meistens)
ihre Kinder gerne von der Schule ab –
und die Kleinen besonders freuen sich sehr,
wenn die Mama sie in die Arme schließt
und fragt: „Na, wie war's denn heut?".
Wenn mein Unterricht hier zu Ende ist,
wartest du dann draußen auf mich?

SPIEL MIT MIR

Gott, manchmal
– ganz selten, aber manchmal doch –
hör ich dich
in meinen eignen Worten.
Dann versteh ich,
dass du mit mir sprichst,
in allem, was ich selber sage, frage, ahne;
in meinem Schweigen sogar.

Spiel mit mir

Wie leicht, wie empfindsam
muss deine Hand gewesen sein,
als du diese Hügel erschufst
hier ums Tal.
Die Linien und Schwünge sind vollkommen,
wenn sie die warmen Strahlen der Frühlingssonne
einladen,
für ein paar Stunden Gast zu sein
und auf den noch kahlen Ästen zu ruhen.
Dann bist du mir vertraut wie von einem guten
Traum.
Treffen wir uns oben, auf der Lichtung,
wenn die helleren Tage kommen?

Gott, das tut mir leid:
Jetzt hab ich den Mund etwas zu voll genommen,
jetzt hab ich gerade „Ich weiß!“ gesagt,
als sie von dir sprachen.
Aber:
Was weiß ich schon von dir,
dass du mich nicht mehr überraschen könntest!

Mein Gott, gestern Abend,
beim Gute-Nacht-Sagen
(und noch vor dem Nachtgebet),
da hat mein Sohn gesagt,
dass er sich freue, einmal ein Mann zu sein,
so einer wie Zabel, Ronaldinho oder Rufus Beck.
Das hast du gut gemacht!
Ich bin jedenfalls stolz auf ihn.

Gott, du versteckst dich gut
im grauen Einerlei meiner Tage.
Ich will mich auf die Suche machen.
Vielleicht kannst du ganz leise deinen Namen
wispern,
dass ich erahne,
wo ich dich finden kann
(„... piep einmal" - verstehst du?).

Draußen schneit es, Gott,
in kleinen eisigen Flocken.
„Es fetzelt!“, sagen die Leute hier.
Und ich stell mir vor,
wie du dein Kleid aus Licht
in weiße Stückchen reißt
und sie lächelnd übers Land streust.
Dass es eine Freude ist!

Eins, zwei, drei vier Eckstein,
Gott, du musst versteckt sein;
Hinter mir, über mir – auf, spiel mit mir!
Ich komme.

Bist du es, Gott,
wenn mir die Kälte in die Wangen beißt,
wenn der Schnee auf meinem Handrücken
schmilzt?
Bist du es,
wenn die Sonne meinen Nacken wärmt
und mir den Rücken und die Arme bräunt?
Bist du es,
wenn der Regen sommerlau die Haut küsst,
wenn mir der Sturm in den Haaren reißt?
Bist du es,
wenn vom Meer her eine Brise Duft vom Tang
herüberweht,
wenn der Wind von vorne meine Schritte schwerer
macht?

Ich glaube, Gott,
du bist es.

Danke für den Frühling, mein Gott.
Ich hab es gerne,
wenn du mir Blumen schenkst.

Deine Farben, mein Gott, deine Farben!
Safrangelb und Ocker,
Olivgrün, Türkis,
Karmesin und Perlweiß;
sogar dein Grau wirkt göttlich,
wenn du es im Kleid trägst.
All die Farben, Gott, all die Farben!
Ich finde,
sie stehen deiner Welt ganz hervorragend!

Die Kinder (in der Schule) sagen immer:
„Der Gott!".
„Der Gott hat die Welt gemacht!"
„Der Gott hat mich lieb!"
Der Gott - als wäre es eine Berufsbezeichnung:
Der Bäcker, der Polizist, der Feuerwehrmann,
der Pfarrer ... der Gott.
Wenn es dein Beruf ist, der Gott zu sein,
was machst du dann in deiner Freizeit,
nach Dienstschluss, im Urlaub?
Da möcht ich mich gerne mal treffen mit dir
(und hinterher erzähl ich den Kindern davon).

Gott, lehre mich,
durch das Grau meiner Tage hindurch zu sehen,
und lehre mich,
die Farben zu unterscheiden,
die sich da mischen:
das helle, gelbe Licht,
das fruchtige Grün,
das Rot deiner Leidenschaft,
und das weite, weite Blau,
in dem sich meine Träume wiegen.

Ob du von da oben in meine Abgründe schauen
kannst?
Ob du von da unten die Sterne sehen kannst?
Ob deine Grenzenlosigkeit auch meine Enden
einschließt?
Ob du so winzig bist,
dass du aufgehst in meinem weiten Herzen?
Ob du so fraglich bist, dass meine Zweifel einen
Ort haben?
Ob du so einleuchtest –
und mir gehen die Augen auf?

Eine sehr frische Brezel, noch etwas warm,
und Butter dazu,
sehr schwarzer Kaffee.
Die Zeitung dazu, in aller Ruhe,
oder über Fußball quatschen
mit David und Konstantin –
Gott, das ist wunderbar!
Solche Momente hast du sicher auch sehr gern!

Im Frühling, mein Gott,
da glaub ich dich frisch und licht;
im Sommer bist du unerträglich.
Zur Ernte (in diesem Landstrich wird noch
geerntet, weißt du)
schwelge ich in deinem Reichtum, üppig und groß,
und im Winter fühl ich dich kalt, bis in die
Knochen.
Du bist wechselwarm, Gott,
übergewichtig und magersüchtig,
du schillerst in Farben
und manchmal bin ich etwas verschnupft von dir,
hungrig und satt.

Wenn ich sie auf der Straße treffe,
dann rufen mir die Zweitklässler nach:
„Hallo, Herr Weiß!",
und manchmal erzählen sie ganz freundlich und arglos,
was sie gerade tun.
„Wir holen uns ein Eis."
„Ich hab heut den Hasen gefüttert."
„Morgen krieg ich mein neues Rad."
Wenn du dich zeigtest,
auf der Straße, ab und zu,
würde ich es genauso machen.
Glaub mir, es ist eine Freude!

Das Himmel-und-Hölle-Spiel,
das die Kinder gestern
mit ihrer Kreide auf die Straße gemalt haben,
das hat der Regen fortgewaschen über Nacht.
Ich bin sicher,
dass dich das freut.
Du magst das Himmel-und-Himmel-Spiel lieber.

Schneeland.
Weiß wie das Kleid, das du trägst.
Und bei genauem Hinsehen:
geordnet, vielgestaltig und bunt.
Wundersam
wie du dich abbildest
im kleinsten Detail.

Im Sommerregen,
nass bis aufs Unterhemd,
barfuß durch die Pfützen waten
und dem Donner entgegenlachen,
den Blitz bewundern –
das hab ich von dir!

Gott, ich glaube, du liebst die leisen Töne,
jedenfalls hör ich dich flüstern:
im Lachen meiner Frau,
in Rilkes Stundenbuch,
wenn im Frühjahr unser Kirschbaum blüht,
wenn die Kinder nach Hause kommen,
verschwitzt und erschöpft vom Fußballspielen,
am Grab meines Vaters,
und wenn Frau Berger im Pflegeheim aus ihrem
Leben erzählt.

Gott, meine Gebete musst du hören,
mit den Ohren, wenn ich rufe,
mit dem Herzen, wenn ich schweige.
Andere, Gott, musst du sehen,
die von Macke und Kandinsky,
von Emil Nolde und Marc Chagall.
Sie beten in Farben,
ihre Palette ist groß.

Wenn ich meine Stimme erhebe,
wenn ich singe (was ich nicht gut kann)
in hohen Kirchen oder lieber: für mich selbst,
dann fühle ich, wie du mitschwingst.
Wie du die Töne hältst, die mir nicht gelingen,
fast ohne Vibrato.
Du trägst mich im Bass,
du lachst im Sopran.

Mein Gott, du schmeckst nach Brot
und Zartbitterschokolade,
du duftest,
nach frisch gemähtem Gras und nach Tau,
du hörst dich an wie Katzenschritte
und wie die Vogelfänger-Melodie,
du fühlst dich an wie der Abendwind
und manchmal wie ein Stoppelfeld unter den
blanken Sohlen,
du siehst aus wie das Meer
im Frühlicht des Sommers
und wie der Himmel bei Föhn von den Bergen.

Ich glaube ja,
dass dir die ganze Weltenschöpfung
recht leicht gefallen ist.
Sechs Tage Phantasie und Spiel,
Farben und Lachen und Wagemut vermengt –
es muss eine Lust gewesen sein.
Geruht hast du nur,
um das alles zu betrachten,
zufrieden und stolz.

Jedenfalls wünsch ich mir,
dass du das fühlst:
barfuss über den Sand gehen,
das Lachen im Herzen, wenn meine Frau mich still ansieht,
den Schweiß am Rücken beim Aufstieg zum Berg,
das zarte Kribbeln eines Schmetterlings
auf dem Handrücken.
Jedenfalls wünsch ich,
dass du das teilst mit mir.
Ich will es teilen mit dir.

Spiel mit mir

Im Ernst, ich les auch schon mal andere Bücher,
nicht nur die Bibel
oder die Klassiker der Theologie
(um ehrlich zu sein: viel öfter sogar).
Und sie berühren, bewegen, beglücken mich auch.
Vielleicht hast du da auch mitgeschrieben.

Ehne, mehne, muh – und raus bist du!
Nein, raus bist du noch lange nicht –
da kann ich dich auszählen, sooft ich will.
Du hast dich mir eingeprägt,
ins Herz und in die Sinne.

Spiel mit mir

Das Schöne, Gott, an deiner Größe ist,
dass ich mich in dem mächtigen Himmel über mir
nicht verloren fühle.
Wenn du dort (oder: auch dort) zuhause bist,
dann gibt es da ja auch ein Plätzchen für mich.

Als der gute Luther
sein Tintenfass nach dem Teufel warf,
da hat er dich nur knapp verfehlt.
Du forderst heraus und hast viele Masken,
du bist ein Schelm!

Gott, auf ein Wort noch,
zum Schluss:
Ich mag nicht mehr „Amen“ sagen.
Das ist doch dein Part, eigentlich.
Ich will, was ich sage, in der Schwebe halten.
Vielleicht greifst du es ja auf
und spielst mit.

Weitere Gebete und Meditationen

Die Veröffentlichungen von Andrea Schwarz enthalten immer wieder Texte, in denen ihre ganz besondere Gedichtsprache zum Gebet wird. Erstmals versammelt dieses Gebetbuch bekannte und beliebte, zum Teil aber auch bislang unveröffentlichte Gebetstexte von Andrea Schwarz aus zwei Jahrzehnten in einem Band.

Andrea Schwarz
Du Gott des Weges segne uns
Gebete und Meditationen
192 Seiten | Flexcover
ISBN 978-3-451-32099-6

In jeder Buchhandlung oder unter www.herder.de

HERDER
Lesen ist Leben

Eine spirituelle Entdeckungsreise

Die Auslegung der Bibel hätte sich niemals abkoppeln dürfen von der lebendigen spirituellen Suche der Menschen. Seine Verbindung von Bibeltext und gegenwärtiger Erfahrung ist nichts weniger als ein Schlüssel, die ganze biblische Botschaft zu verstehen und als spirituellen Weg für die Gegenwart zu entdecken.

Richard Rohr
Ins Herz geschrieben
Die Weisheit der Bibel
als spiritueller Weg
304 Seiten | Gebunden mit Schutzumschlag
ISBN 978-3-451-32005-7

In jeder Buchhandlung oder unter www.herder.de

HERDER
Lesen ist Leben